Prends la vie comme elle te vient

Prends la vie comme elle te vient

Ismaïl Drira
Le Sorcier

Photographie par Abdel Maximus

« Prends la vie comme elle te vient

Apprends à apprécier les éclaircies

Et les pluvieux lendemains

Ainsi tu surferas sur ton destin »

Sommaire

Poème n°1 : **Trou noir**
Poème n°2 : **La vie est un mystère**
Poème n°3 : **Éternité des cieux**
Poème n°4 : **Petits enfants**
Poème n°5 : **Désincarné**
Poème n°6 : **Toile inestimable**
Poème n°7 : **Corps céleste**
Poème n°8 : **Formule**
Poème n°9 : **Point manifesté**
Poème n°10 : **Artémis**
Poème n°11 : **Lumière**
Poème n°12 : **Ni vu ni connu**
Poème n°13 : **Les belles femmes**
Poème n°14 : **Convoiter le divin**
Poème n°15 : **Tels des inconnus**
Poème n°16 : **La cour**
Poème n°17 : **Nouvelle route**
Poème n°18 : **Séducteur**
Poème n°19 : **Premier souffle**
Poème n°20 : **Est-ce que tu m'aimes ?**
Poème n°21 : **J'ai chanté**
Poème n°22 : **À vous de sentir**
Poème n°23 : **Ai-je existé ?**
Poème n°24 : **Bien au loin**
Poème n°25 : **Facettes de l'amour**
Poème n°26 : **Du jour au lendemain**

Poème n°27	:	Simple mortel
Poème n°28	:	Pourquoi ?
Poème n°29	:	Vocation
Poème n°30	:	Face à face
Poème n°31	:	Monde attractif
Poème n°32	:	Le rubis de l'enfance
Poème n°33	:	Rose
Poème n°34	:	L'amour nous promène
Poème n°35	:	Sacré
Poème n°36	:	Jeux de l'Univers
Poème n°37	:	Chant du cygne
Poème n°38	:	Soumets-toi après
Poème n°39	:	Ne plus souffrir
Poème n°40	:	Tumulte
Poème n°41	:	Brouillard
Poème n°42	:	Reste toi-même
Poème n°43	:	Racines divines
Poème n°44	:	Anonyme
Poème n°45	:	Déesse qui nous envoûte
Poème n°46	:	*El Diablo*
Poème n°47	:	Que la lumière soit
Poème n°48	:	S'aimer comme un Dieu
Poème n°49	:	Empreintes
Poème n°50	:	Fol amnésique
Poème n°51	:	*Flirt*
Poème n°52	:	Embrasser une pierre
Poème n°53	:	Horloge
Poème n°54	:	Poème divin
Poème n°55	:	Hymne de gaieté

Poème n°56 : **Les gardiens**
Poème n°57 : **Heure fatidique**
Poème n°58 : **Les sages**
Poème n°59 : **Roulement du temps**
Poème n°60 : **Le néant a perdu**
Poème n°61 : **Le jeu**
Poème n°62 : **Ruche de miel**
Poème n°63 : **Un nom**
Poème n°64 : **Mêlée**
Poème n°65 : **Laisse la vie parler**
Poème n°66 : **Un jour au parfum d'amour**
Poème n°67 : **Goûter qui je suis**
Poème n°68 : **Es-tu réel**
Poème n°69 : **Adieu l'indifférence**
Poème n°70 : **Mes bougies**
Poème n°71 : **Feu flamboyant**
Poème n°72 : **Amour zigzagant**
Poème n°73 : **Le meilleur de moi**
Poème n°74 : **le poids des mots**
Poème n°75 : **La Terre**
Poème n°76 : **Les poissons des mers salées**
Poème n°77 : **Naissance**
Poème n°78 : **J'enlace l'amour**
Poème n°79 : **Le Nord**
Poème n°80 : **Paix**
Poème n°81 : **Vieux copain**
Poème n°82 : **Bras de fer**
Poème n°83 : **Ma force et mes larmes**
Poème n°84 : **Pièce d'amour**

Poème n°85 : **Le paon**
Poème n°86 : **On appelle ça l'amour**
Poème n°87 : **Les femmes et le printemps**
Poème n°88 : **Zéphyr divin**
Poème n°89 : **Cheval blanc**
Poème n°90 : **Cadeau**
Poème n°91 : **Le pourquoi de la vie**
Poème n°92 : **D'une même flamme**
Poème n°93 : **Ceci est mon raisonnement**
Poème n°94 : **Chante-moi**
Poème n°95 : **Indéniable beauté**
Poème n°96 : **J'apprends à vivre**
Poème n°97 : **Sa grandeur**
Poème n°98 : **L'amour est fièvre**
Poème n°99 : **Le valet ou bien le roi ?**
Poème n°100 : **Plus les femmes sont belles**
Poème n°101 : **Énergie divine**
Poème n°102 : **360°**
Poème n°103 : **Le rôle**
Poème n°104 : **Tout avance**
Poème n°105 : **Ce n'est que de la poussière**
Poème n°106 : **Éveil**
Poème n°107 : **Paupières**
Poème n°108 : **Coup de sifflet**
Poème n°109 : **Ne rien posséder**
Poème n°110 : **Mon miroir**
Poème n°111 : **Là-bas**
Poème n°112 : **Horloge céleste**
Poème n°113 : **Elsa**

La tour de Léandre (Kız Kulesi), Istanbul, Turquie

1- Trou noir

La beauté et les êtres vertueux
Sont côte à côte dans leur amour
Des étoiles et des cieux
L'indénombrable et les voies du Seigneur
Sont tous deux à l'instar d'un trou noir
Et n'ont d'égal que Dieu
On aura beau chercher à se connaître
Tout dans l'Univers ainsi que nous-mêmes
Demeure mystérieux

2- La vie est un mystère

Je sais que j'existe
Que l'étendue de l'Univers
Donne le tournis aux spécialistes
Que la vie est un mystère
Et que nul ne détient la vérité sur terre
J'avance en ce monde
Et m'étonne à penser
Ce qu'il y a au-delà des mirages et des cimetières

3- Éternité des cieux

Je suis venu en ce monde
Simple et fragile
Combien de larmes ont coulé sur mes yeux
Ce monde est une vie symbolique
Avant l'éternité des cieux

La tour de Belém, Lisbonne, Portugal

4- Petits enfants

Je raconte mes histoires aux enfants
Je leur dis soyez sages
Bientôt vous deviendrez grands
J'aimerais vous dire que je n'ai aucun regret
J'ai été enfant
J'ai été adolescent
Et je suis adulte depuis maintes années
Cela s'arrose, j'ai vécu une pléthore d'étés
Être zen est ma devise de cette année
Je vis, j'apprends, et même à mille ans
On est de tout petits enfants devant l'éternité

5- Désincarné

Mon cœur bat
Grâce aux souvenirs que j'ai de toi
Ma foi est un peu ici et là-bas
Même en étant désincarné
Je sais que l'amour est notre mère
Et que la paix est notre père

6- Toile inestimable

Je t'aime et tu m'aimes
Notre amour est semblable
À une toile inestimable
Toi et moi avons pour origine les étoiles

Jardin du Luxembourg, Paris, France

7- Corps céleste

J'arrive à peine à supporter mon poids
Ma dette envers l'Univers
Je maudis et blasphème
Et tantôt mon front se trouve à terre
Je suis une particule dans un corps céleste
On est la chair et l'esprit de l'Univers

8- Formule

Si on change la formule
On change le résultat
J'adresse mes vœux d'amour
À Éros et à moi-même
Et convie divinité et commun des mortels
À donner de la valeur
À l'éphémère et à l'éternel

9- Point manifesté

Je parle et prétends qu'on m'écoute
Une vie à cultiver le doute
Qu'est-ce que j'en sais
De ces entités qui ne se sont point manifestées
Ni aux hommes ni à qui que ce soit qui les redoute

10- Artémis

C'est un homme qui se demande si Dieu l'écoute
S'il y avait une fin à sa soif d'éternité
Sa quête de grandeur
N'a d'égal qu'Artémis
Déesse des forêts
Une vie en ce monde étrange
Où nous voilà repartis quelque temps
Après être entrés

Kotor, Monténégro

11- Lumière

En regardant la lumière me pénétrer
Je me laisse tendrement distraire
Par ce monde, par cette Terre
Qui est notre mère
Bien aimante
Nourricière
En regardant mes confrères
Je vois des femmes magnifiques
Et des hommes charismatiques
Et reconnais en ce monde
Une finesse poétique

12- Ni vu ni connu

Les humbles se sentent jeunes et beaux
Et les virtuoses en sagesse
Défient l'Homme de comprendre le chaos
Tous aspirés par l'effet du temps
Nos vies défilent subitement
Je pardonne, et l'on m'accorde le pardon
Ni vu ni connu
J'attendrai le moment voulu

Cathédrale Saint-Sauveur sur le sang versé, Saint-Pétersbourg, Russie

Cathédrale Saint-Basile le Bienheureux, Moscou, Russie

13- Les belles femmes

Les belles femmes font ce qu'elles veulent
Elles envoûtent tout être
Les charmant par leur sensibilité
Il y a quelque chose d'angélique en leur regard
Certains, pour elles, se sont damnés
Elles mettent l'accent sur leurs courbes
Et savent qu'elles sont scrutées
À l'inverse des spirituels
Qui se vouent au sacré
Leur attention n'a d'yeux que pour leur beauté

14- Convoiter le divin

Voici ce que je dis
Et combien même ma vie
Ne durerait qu'une après-midi
La vie est un mystère
Et regorge de philosophes
Disant être perdus
Et rien n'avoir compris
On s'accroche aux bases
Tandis que notre esprit scrute les étoiles
En convoitant intimement le divin et l'infini

Sidi Bou Saïd, Tunisie

15- Tels des inconnus

Les jours se succèdent

Et les pleurs laissent place

Au plus grand des remèdes

L'amour a son prophète

Et auprès de tout sage

Nous émeuvent les poètes

La vie nous consume à petits bouts

Vivre est une balade

Une danse avec un inconnu

Chaque jour est fête quand on se tient debout

On vit, on oublie

On quitte ce monde tels des inconnus

16- La cour

Je m'approche et elle s'éloigne
Et dans la brise, pas à pas
S'évapore mon rêve de cocagne
Elle est étrange et magnétisante
Elle m'attire comme personne
À ses pieds s'étalent mes discours
De par mes proses, je lui fais la cour
Aimer est naturel
L'enfant et le sage
Disent de lui qu'il est pur
À l'instar du lait et du miel

17- Nouvelle route

Plus la vie est dure et plus il s'accroche
Une vie passée à se renouveler
J'irais même jusqu'à changer
Pour m'angéliser
Aller au bout de ses pensées
En voilà une bonne idée
La vie nous entend
Et nous écoute
Même au bout du tunnel
Une lumière jaillit
Laissant naissance à une nouvelle route

18- Séducteur

Dans la jungle de ce monde
On a besoin d'être confiant
Les nuances des sentiments se déclinent par millions
Se prêter à l'amour
Sous l'emprise des jeux du cœur
Ouvre la voie aux Apollons et aux séducteurs

Paleokastritsa, Corfu, Grèce

19- Premier souffle

Tout est prisonnier du temps
En voilà une évidence
À laquelle j'accorde crédit de réalisme et de vérité
Je regarde le paysage
Étonné de voir que tout glisse
Que tout défile aussi fluidement qu'un nuage
Les réponses sont enfouies dans la question
Rétorquent prudemment les sages
Qu'est-ce qu'une vie ?
Sachant qu'un millier d'années
Est un nouveau-né
Un premier souffle
Une ode à l'éternité

20- Est-ce que tu m'aimes ?

Sache juste que la vie te dépasse
Et même que la danse du goéland
Face à l'océan
Est un signe bien aimant
Envers une vie qui ne dit point la vérité
Et qui parfois nous laisse
Seuls à nos tourments
Est-ce que tu m'aimes ?
Est-ce que tu me mens ?
Je te donne et n'attends point
Que tu me le rendes

21- J'ai chanté

Elle était loin de moi
Alors pour me remémorer son visage
Je me mis à chanter
Prononçant des mots
Comme rose et vacuité
Mon intention était nulle de m'arrêter
Mais que le rossignol prenne le relais
Le cœur bat
L'amour réchauffe
Il y a forcément quelqu'un à aimer

Kotor, Monténégro

22- À vous de sentir

De la guerre rien de bon ne fleurit
D'un angélique sourire
Le désespoir n'a nul avenir
Faites-vous amis de la vie
Accordez-lui le temps de vous séduire
Vos souffrances enterrez-les
Au cimetière de l'oubli
Laissez-les mourir
De vos choix prenez-en soin
Ils ont un parfum
Qui ne tient qu'à vous de sentir

23- Ai-je existé ?

Il n'y a que le pouvoir qui t'obsède
Tu t'en trouves d'une faiblesse incommensurable
Toute forme de force s'évanouit
Que reste-t-il des souvenirs ?
Ce sentiment que j'éprouve
Quand mes forces m'abandonnent au coucher
Est-il vrai ?
Ai-je déjà existé ?

24- Bien au loin

J'ai demandé mon chemin
Et l'amour m'a tendu la main
Je t'accompagne
J'avance d'un cœur serein
Maintenant sera encore présent demain
Ma vie au creux de sa main
L'amour nous emmène bien au loin

25- Facette de l'amour

Avec des ailes
On peut voler bien haut
Et avec l'amour on se promène dans les cieux
Connaître ses facettes
C'est comme connaître les secrets de Dieu
Alors j'aime et m'aventure d'un cœur joyeux

Yosemite National Park, Californie, USA

26- Du jour au lendemain

Je me balancerai peut-être un jour
En attendant, dans mes écrits je prodigue l'amour
Je n'ai rien compris au secret de la vie
L'instant présent, dit-on, est ici
D'humeur changeante, il varie
Dieu sait comment
Je suis vivant en cet instant
Un jour je ne serai plus présent
Je ne sais rien à rien
Je prends mon chemin
Et parle de ce que j'apprends
Du jour au lendemain

27- Simple mortel

Ce regard profond
Recèle les mystères d'une vie entière
N'allez pas demander sur quoi
Se posent ses prunelles
Une barque, un lac et une gente demoiselle
Le bleu de ses yeux
Rappelle une vague de la mer Caspienne
Tandis que son regard se délecte
Une huppe chante et adoucit mon être
Quel moment unique
Une célébration de la vie
Un jardin d'Éden
Où sont conviés anges et simples mortels

28-   Pourquoi ?

Les êtres normaux
Lui demandent pourquoi
Il réfléchit et perd voix
Peu de choses à dire
Dans le corps d'un être parfois
Sa vie est un mystère
Il aura eu beau meubler son désert
Que dans ce large espace il s'y perd
Nulle vérité à dire
Sauf que tout est impermanent et part en poussière

Porto, Portugal

29- Vocation

Prends soin de toi, de ta famille
Et cultive ton génie
Tout le monde est rattrapé par sa folie
Le monde tourne et se retourne
Que se passe-t-il en la lassitude des saisons
Aurons-nous une réponse ?
Nom de nom
Ou disparaître est notre vocation ?

30- Face à face

Monde de sentiments

Monde d'émotions

Tu attends pour me prendre sagement

Franchement, je ne sais plus si je t'aime ou non

Servi par tes cartes

Même l'homme aux quatre as

Finit plein de poussière et trépasse

Je peux peut-être y croire

Et encore faudrait-il que l'amour

Me parle face à face

31- Monde attractif

L'air désemparé, il tient un regard

Portant sur l'existence et le néant

Parfois, il cherche à sortir de son corps

Pour comprendre ce monde attractif

32- Le rubis de l'enfance

Il porte sa faiblesse

Et implore l'amour

Comme un culte voué à une déesse

Shiva s'inspire et danse

À la vue d'un être

Qui porte les rubis de l'enfance

Quoi qu'il advienne, je t'ai aimée

Est-ce toi ou moi qui vit l'autre en premier ?

Bucharest, Roumanie

33- Rose

Les êtres voués à l'amour
Se cherchent, et sont prêts
À enlacer d'un doux câlin
Les hommes et les femmes qui leur sont chers
Je cultive éperdument la rose de mon amour
Avec soin, je la contemple
Comme à son premier jour
Tous nous sommes sensibles et temporaires
Les jours qui passent appartiennent à hier
Alors, je vis en apprenant
À prendre soin de tous ceux qui vivent sur Terre

34- L'amour nous promène

Quand tu me regardes
Je me laisse faire
Promesse de paradis
Menace d'enfer
Rien ne m'ébranle
À croire que je suis bâti d'adamantium et de fer
Personne ne sait où l'amour nous mène
Quelque chose d'incernable
Prenant naissance au sein
Des anges eux-mêmes
C'est point nous qui le gouvernons
C'est lui qui nous promène

35- Sacré

Sous ce bleu d'azur
Le Soleil caresse passionnément
Et exalte les roses
Sous son joug, j'ai fière allure
Il y a des fois
Où l'on hésite
Des auras émanant d'êtres
Qui nous font palpiter
Le beau, le vrai, le charisme
Sont des valeurs sûres
Sous le sacré de la vie et ses artifices
Le néant et la lumière
Nous ont eus comme fils

Mosquée Aya Sofia, ancienne Cathédrale Sainte-Sophie, Istanbul, Turquie

36- Jeux de l'Univers

Le jeu de la cigarette entre les doigts
La marche d'un désespéré dans les bois
Regard furtif songeur
D'un monde meilleur
On se cherche, on espère
Une réalité d'une grande ampleur
Y a-t-il un au-delà meilleur ?
Il y a de l'énergie
Il y a des virtuoses en astronomie
On dit que l'Univers est vaste
D'une infinie grandeur
Pourquoi donc notre vue est si plate ?
Je ne désespère point
La nature, la vie et l'infini m'épatent

37- Chant du cygne

J'aimerais chanter avant de mourir
Un hymne pur
Tel le chant du cygne
Pardonner au monde et à moi-même
Car ce monde de labeur est difficile
On dit qu'il y a de la neige au haut des cimes
D'une grande blancheur paraît-il
La pureté recouvre la grandeur
Et la bonté l'illumine
Le pardon libère
Il résulte de la compréhension des signes

38- Soumets-toi après

Il faut se rebeller

Crier, tempêter

Et ne te soumets

Qu'une fois que la vue t'apparaît

Marche, cours, une fois épuisé

Il y a systématiquement l'arrêt

Répéter des vérités

Sans entière compréhension

Ne persuade jamais

Kyrenia, Chypre du Nord

39- Ne plus souffrir

Que dire
Quand la plume ose se taire
Et ne veut plus écrire
Ce cœur aime et ne veut plus souffrir
Dans une vie on accumule
De nombreux souvenirs
Qu'on porte qu'on raconte
Les meilleurs on ne se lasse point de les décrire
Entre terre et ciel on se balade
Passant du rire aux larmes
On veut être pleinement vivant
Avant que la flamme ne s'éteigne
On désire atteindre
La paix tant convoitée avant de mourir

40- Tumulte

Une promesse de nuit
N'est point acquise le jour
Éternellement la vie tourne
Et s'alterne en nous, doutes et certitudes
Aimer est naturel
Pardonner est un acte qui n'a point de pareil
Dans une lutte il y a un vainqueur
Est-ce contre nous-mêmes ce tumulte ?

Château de Pelișor, Sinaia, Roumanie

41- Brouillard

De l'art dans l'art
Profond mélange de blanc et de noir
Intense, faisant face
Ne voyant que lui comme un brouillard
Voulant savoir qui sommes-nous
La terreur de mon être et mon vouloir

42- Reste toi-même

Caresse d'une brise inconnue
Au contact de l'indicible
Son être tout entier se sentit
En diapason avec l'inconnu
Comme personne n'est immortel
Pourquoi tendre vers le ciel
Se dit-il d'une pensée sereine
Reste toi-même
Tu trouveras amour, force
Et vertige surnaturel

Vue sur le Danube et le Parlement hongrois, Budapest, Hongrie

43- Racines divines

La messe fut dite
En cette après-midi inédite
Des êtres chers étaient là
Un ciel aimant inspirait notre conduite
Fruit de racines divines
Belles, uniques, vous connaissez la suite
Nous allons vivre
Et suivre cette aventure
À être constellation
Comme les mythes d'Ouranos et Aphrodite

44- Anonyme

Elle prend mon cadeau
Et soudain, le temps est interprète
Le bonheur est sous une lettre intime
Et le temps nous parle
En langue divine
Le hasard est la main de Dieu
Pris avec des gants pour demeurer anonyme

45- Déesse qui nous envoûte

Aux multiples chemins et routes
On se laisse aisément charmer
Par le rêve d'une déesse qui nous envoûte
Qui nous apprend à aimer
À s'abandonner aux fleurs sacrées de l'amour
À sentir leur parfum
Qui nous enchante et nous déroute

46- *El Diablo*

Il rêva d'une danse
Une leçon pour assouvir son âme
Un défi lancé par un maître céleste
Un pas de tango
Par l'entité du plaisir
El Diablo
Oui Dieu est rigoureux
Sérieux
Des qualités de labeur
Un Dieu vu par quelques religieux
Faisant l'apologie de la peur
Tandis qu'El Diablo demeure
Puissant au regard charmeur
J'avance d'un pas curieux
De ces deux incitateurs
Chacun a son mot à dire
Tout mon être de ces deux s'inspire

47- Que la lumière soit

Au début rien n'était dit
Il a fallu que Dieu s'en mêle
Que la lumière soit
Et la lumière fut
J'étais un garçon
Qui apprenait à marcher
Je ne doutais point que ma voie était tracée
Ombre ou lumière
Lassé des faits
Sept ou huit mots
En mon vocabulaire
Nul besoin d'être érudit
Pour savoir que tout est impermanent sur cette Terre

Monastère Troitse-Sergiev Varnitskiy Rostov Veliki, Russie

48- S'aimer comme un dieu

Est-ce là le dessein de la lumière
D'apparaître, de succéder aux ténèbres
Aimer son être
S'élever en triomphe
Voir le monde disparaître
Le chant des sirènes envoûte
S'aimer comme un dieu
Est la plus grande délicatesse de notre être
Sans nul doute

49- Empreintes

On porte en soi
Le parfum des recoins
Par où nous sommes passés
Une vie où nos empreintes se posent
Sur tout ce que nous touchons
Ne point laisser de marques sur cette Terre
Est impossible, comme ne point respirer de l'air

50- Fol amnésique

Avant que naquît la lumière
Demeurait son frère la musique
Du regard charmeur
Au chant angélique
Un lien, une note, un regard battant
Derrière cette face, la peur est oubliée
Comme un fol amnésique

51- *Flirt*

Je veux t'inviter à danser
Faire quelques pas
Corps à corps
Flirter ensemble
Les mortels que nous sommes
Avec l'éternité

52- Embrasser une pierre

Je ne poserai point

La question que faire

Je pourrais même embrasser une pierre

Avant la mort

Même un dernier regard

Sur le fond d'écran du monde

Est beau et ne cause nul tort

Paphos, Chypre

53- Horloge

Le cœur est une horloge
Et avant que ma dernière heure sonne
J'aimerais regarder le beau ciel bleu
Et de Dieu faire les plus beaux éloges

54- Poème divin

Le monde est grand
Tel un poème divin
Ma vie est comme ça
Un peu de chaud
Un peu de froid
Du doute et de la foi

55- Hymne de gaieté

Si nous nous mettions à chanter

Un hymne de gaieté

Les coquelicots des cieux

Nous envelopperaient de sérénité

Nos cœurs rouges, gorgés de sang

En amour divin s'oxygéneraient

Les amants auraient raison de s'enlacer

D'un amour dévoué

À laisser entrevoir l'éternité

Les flammes de l'été

Se feront belles et discrètes

Afin de nous charmer

Et de nous laisser pas à pas

Nous embrasser

Cet hymne s'appelle je t'aime

Pour l'éternité

L'amour est providentiel

Il provient du fruit de la divinité

Nous mortels quand on aime

On ne sait s'en séparer

Et quand on divinise

On s'incline sans once de difficulté

56- Les gardiens

Un matin comme celui-ci
Parle à voix basse
L'énergie que lui donne le Soleil
Il sait bien quoi en faire
Un monde à illuminer
Les travailleurs démarrent leur rituel
Avant d'aller travailler
Ce monde a besoin de papillons
Pour s'émerveiller
De jasmin et de patchouli pour se parfumer
Dans ce monde où tout a sa place
L'être humain en est son gardien
Alors gardien du haut de ma citadelle
J'admire l'envol des hirondelles

57- Heure fatidique

L'heure fatidique approche
Et a comme fonction de réduire
À néant toute insolence
Ce monde a-t-il une tête pensante ?
Si tel est le cas
Quel rôle détient l'être humain ?
Le saura-t-il un jour ?
Il est vrai de source sûre
Que les êtres qui prennent soin des autres
Jouissent d'une pléthore de privilèges
Le cœur en prière se change en neige

Oslo, Norvège

58- Les sages

Je n'attendrai point une barbe blanche
Pour être sage
Un regard profond
Une intuition perçante
Eclaircit tout brouillard
La confiance, pas à pas, se bâtit
Aisément le doute l'anéantit
Que font les sages ?
En tout cas ils connaissent leur folie

59- Roulement du temps

Je sais que tôt ou tard
Je lui dirai au revoir
Un jour l'amour est braise
De flammes jurant l'éternel
Un jour le temps nous éparpille aux quatre vents
Saison après saison
L'affaiblissement des sentiments et tentations
Ne dure et ne perdure
Dans le roulement du temps
Qu'évanescence et son frère l'impermanence

Ksamil, Albanie

60- Le néant a perdu

Aujourd'hui je suis là
J'accueille mon destin
Avec une tablette de chocolat
En ce monde étrange et familier
Le néant a perdu
Face à la matière
La poussière et la lumière

61- Le jeu

Le « je » est dans « le jeu »
Regarde-toi
Où étais-tu ?
Où es-tu maintenant ?
Il n'est point aisé
De se contenter de la réalité
Lorsqu'on a rêvé d'être le roi du monde

62- Ruche de miel

Elle sait qu'elle est belle
Mais elle ne sait pas à quel point
Je suis pris d'elle
L'amour est une idole qui se fait belle et qui s'aime
Cupidon lui-même le sait
Il est son dévot le plus fidèle
Qui n'a point aimé ?
Qui n'a point désiré ?
L'amour est une ruche de miel
Suave et éternelle

63- Un nom

J'essaye de décrire cette soirée
À l'apport enrichissant d'enseignement
Rare et sacré
De lui donner un nom
Belle elle est
Vais-je pouvoir lui trouver un mot approprié ?
Alors je pense *happy*
Car de cette soirée je ressortis
Étant un peu plus confiant et élargi
L'envie d'aller de l'avant dans la vie
Faisait partie des noblesses que j'avais acquises

Helsinki, Finlande

64- Mêlée

Nul n'est ce qu'il prétend être

J'ai parcouru avenues et trottoirs

Et me rends compte pas à pas

À quel point elle est illusoire

Je me connais

Tu te connais

Ils le disaient sans s'être explorés

Sans s'être rués à la mêlée

Face au miroir de nos pensées

Le briser, le dépasser

Peut-être verrons-nous plus clair après

65- Laisse la vie parler

La vie a son mot à dire
Son silence incompris
N'a que trop duré
On fait semblant de la respirer
Qui la connaît ?
Au ciel finira ce dernier
Extatique, hypnotisé par sa beauté
La vie est divinité
On ne peut que l'effleurer
Le cycle de l'extase ultime
Ne débute qu'après

66- Un jour au parfum d'amour

Des matins comme celui-ci
Où la chorale des rossignols
Des chardonnerets élégants
Montent leur sonorité enchanteresse
Ébahie en cet instant je suis
Le Soleil quant à lui
Par ses rayons lumineux et nourrissants
En tout être agit
Sur notre planète nimbée de lumière
Que signifie à tes yeux un jour ?
N'était-ce point suffisant pour
Aimer d'un amour inconditionnel ?
Jésus est passé
Mais l'essence de son parfum
Amour divin
Se ressent à chaque lieu sur Terre
Et nous abonde de son parfum
Sur chaque chemin

67- Goûter qui je suis

Est-ce toi qui es chez moi ?
Ou est-ce moi qui suis chez toi ?
Ô monde tu es si simple et complexe à la fois
Dis-moi est-ce qu'en dix vies
J'en connaîtrais un peu plus sur toi ?
Je sais déjà ton impermanence
Car en plongeant mes yeux chaque soir
J'éprouve toujours ce sentiment
D'une journée unique en son genre
Et en l'épurant
Je retiens ce qui vaut de l'or
Une vie à me chercher
À croire que mon soi serait naturel
Un jour je m'élancerai
Sur les eaux glacées de la banquise
Et j'admirerai les abysses des icebergs
Leur face cachée
Et je sombrerai jusqu'à goûter qui je suis
Jusqu'à la paix

68- Es-tu réel ?

Ô monde laisse-moi te parler
Toi qui m'apparais puis disparais
À un moment dans mon sommeil
Au-delà de tout plafond
En-dessous de tout tréfonds
Je ne pense guère à toi
Ni même à moi
Alors, est-ce que j'existe ?
Es-tu réel ?
Ou la vie m'hypnotise-t-elle ?
Au fond de la source qu'y a-t-il ?
Je sais que je perçois
Mais percevoir est-il un gage de quoi que ce soit ?
Amour inconditionnel
Ou authentique haine
Sont les deux faces
Jours et nuits qui s'alternent

69- Adieu l'indifférence

On grave les mots précieux
Pour leur beauté, leur importance
Ils ont comme origine les cieux
Ils sont clairs et limpides
Leur source est de jouvence
Régénérant par leur puissance
Apportant la vie
Enflammant le désir de s'épanouir
Extirpant toute souffrance
Quand un mot précieux vit en nous
L'infinie découverte commence
Et adieu l'indifférence

70- Mes bougies

J'aime, j'adore

Le beau et m'entête

Et à mes yeux je dévalorise l'or

Prouvez-moi que j'ai tort

J'applaudis je souris

J'accueille les bras ouverts la vie

Je parle, j'écris

Je me confonds, j'indique

Et me perds dans mes tréfonds

J'éteins mes bougies

Que je ne compte plus

Vous dire à quelle vie je suis

Je ne sais plus

Prague, Tchéquie

71- Feu flamboyant

Il regarde les femmes
Leur beauté anime sa flamme
Sous leur regard ardent
Il se laisse consumer tel un feu flamboyant
Il reste devant elles, les admirant
Il cherche à percer leur mystère
Ce qui les rend si attirantes et hypnotiques
Qui fait que je leur dédie
Autant de vers poétiques

72- Amour zigzagant

Un amour zigzagant
Entre l'envie de plaire
Et de posséder ce que l'autre a de plus cher
Tu es mon étoile, ma lune
Je te témoigne de mes doigts
Ecris par une plume de paon
Je te déploie mes sentiments
Prêt à dire pour toi
Des vers chatoyants
Un peu comme le ferait ton plus fidèle amant

Ioánnina, Grèce

73- Le meilleur de moi

J'aimerais t'écrire un poème
Que tu liras où que tu sois
Qui te réchauffera
Même toute seule perdue dans les bois
Tellement qu'il y a dedans
Le meilleur de moi
Mes qualités les plus populaires
Prennent un froid d'ours polaire
Lorsqu'il s'agit de te plaire
Je ne prends aucun risque
Je reste pour toi
Et demeure à ton égard
Toujours sincère
Ma belle, ma tendre demoiselle
Ma sucre mirabelle

74- Le poids des mots

Utile, rapide, agile comme un roseau
Voilà ce que j'aspire à être
De mon côté j'écris avec un stylo
Certes, la plume est d'un charisme encore plus beau
Surtout trempé dans l'encre de Chine
Le plus important demeure le poids des mots
Qui nous donne des ailes
Nous donne l'impression de gravir le Kilimandjaro

75- La Terre

La forêt est dévastée
Une vague de malveillance l'a ravagée
Pour faire du papier
Les arbres passent encore et toujours après
S'il n'y en a plus
L'oxygène, où irons-nous le chercher ?
On ne manque pas d'air
On se comporte d'une manière
De plus en plus arrogante et vulgaire
Surtout envers la Terre
Sans soin ni attention
On se comporte avec elle
Où irons-nous si elle
Devenait ridée et vieille ?
À nous d'être vigilants
De la cajoler
Afin de la restaurer
Et de la rendre belle

76- Les poissons des mers salées

Le crépuscule toque à ma porte

Je refuse de le laisser entrer

Tant que mes regrets

Ne seront dévorés

Dans les mers salées

Que les piranhas s'en mêlent

Qu'un requin blanc vienne taire cette querelle

Et tant pis si l'orque s'en mêle

Plus jamais je ne veux les habiter

Bel est cet esprit

Qui depuis peu se sent voler

Libre de bâiller et de se reposer

Depuis que la méchanceté de ce dernier

A été confiée aux poissons des mers salées

Copenhague, Danemark

77- Naissance

On naît
Mourir est un fantasme de nouveau-nés
Après maintes vies
Dans quel sens m'emportes-tu ?
Le lien est maintenu par un fil
Passant entre les dimensions
Dématérialise-moi
Ô vent nouveau

78- J'enlace l'amour

Âme romanesque

Esprit complexe et burlesque

La vie m'offre et me laisse mystère

Quant à mon jour dernier

J'aboie ma soif de vérité

J'écris, j'allonge

Avant que mon âme étouffe et plonge

Les océans mystérieux

M'offrent un vertigineux tressaillement

J'observe, j'attends les engagements

Des quatre saisons

Lucide est ma raison

J'entame mes jours

J'enlace l'amour

Je rêve d'offrir sept à huit fleurs par jour

79- Le Nord

Il est simple et facile
D'écrire sous l'influence de la musique
Les vers poétiques dictent
Sous l'effet des femmes au doux minois
Mi ange mi diabolique
On dit de moi que ma voix
Raisonne à l'instar d'un ténor
Je dis simplement
Que ton amour m'indique le Nord

80-   Paix

Je prends mon café
Sur une table qui ne bouge pas
Les bombes tombent à côté
Et je prie pour la paix
Responsable de mes mots et de mes actes
Un monde meilleur commence d'abord
Par peaufiner son être et son intérieur

81- Vieux copain

Y-a-t-il un moi personnel ?

Ou un esprit universel ?

Le surfeur n'est point curieux sous la vague

Se contentant d'être en pamoison avec elle

Le destin vient et le hasard l'accueille

Tel un vieux copain avec du miel

82-   Bras de fer

Ce n'est qu'une porte fermée
On l'aurait su
Si les anges avaient eu besoin
De frapper pour entrer
Certains les voient
D'autres les entendent
Bras de fer
Diable ou ange ?
Paradis ou enfer ?
Ce monde est plus matière
Aux questionnements et aux doutes
Je m'applique à mieux faire

83- Ma force et mes larmes

Dans une autre vie jadis

J'étais un fleuriste

Humant les fleurs bleues

Appréciant la vie et ses charmes

Face à la beauté l'amour le désarme

Je n'ai plus rien à te cacher

Depuis que tu as vu

Ma force et mes larmes

Sotchi, Russie

84- Pièce d'amour

Ô homme
Vis ta vie
Prends avec sourire tous ses défis
Le monde est vaste et somptueux
Les forêts regorgent d'arbres majestueux
Sois un élément du bonheur
Une clé qui ouvre les portes de la joie
Donne envie de chanter
Sois une pièce d'amour
Où s'installe le décor divin
Les chandeliers, les miroirs, les lustres
Tout ça ne demande qu'à prendre place
Au sein de ta pièce
Nourris ton âme de sagesse et d'allégresse
Et vis sans remords
Rien ne mérite de s'inquiéter
Pas même la mort

85- Le paon

Un paon me chuchotant à l'oreille
Veux-tu faire partie des grands ?
Sa parole dite d'un ton éloquent
Réveilla en moi des sentiments abracadabrants
Déjà je me voyais star
Élue parmi les étoilés
Les fans me célébrant
Une dégustation des plaisirs enivrants
Plusieurs folies en une journée assouvies
Il est fort ce paon
Pour m'avoir fait batifoler au pays de mes rêves
Que je convoite depuis toujours
Alors, d'un œil souple et inspiré
Je reste admiratif de la vie
Qui souffle en moi d'un feu ardent
Brillant d'une beauté tel un diamant

86- On appelle ça l'amour

Je t'ai vue
Je t'ai aimée
Mon âme aimantée par ta beauté
Me poussa à te réciter mon poème préféré
Les braises ardentes de la passion
Me firent te désirer
Je te parle
Tandis que mon cœur me fit un discours
Quand l'un et l'autre sont épris
On appelle ça l'amour

Malmö, Suède

87- Les femmes et le printemps

Évidemment, la vie est une surprise
Tel un énigmatique amant
Les rayons du Soleil
Câlinent et donnent de l'amour
Comme le ferait une maman
Je t'aime abondamment
Que serait la vie
Sans les femmes et le printemps ?

88- Zéphyr divin

Le Soleil connaît ses rayons
Tandis que le désert énumère ses grains
Par jours joyeux
Et par tristes teints
J'avance tournant le dos au chagrin
Et même si je m'emporte
Je ralentis et avance à pas de pingouin
En ce monde
Où l'on n'est jamais trop serein
Un sourire, une fresque
Et l'on est bercé
Par un Zéphyr divin

Le Capitole des États-Unis, Washington D.C., USA

89-   Cheval blanc

Je ne sais pas

Je ne fais pas exprès

L'amour c'est tout ce que je connais

Tel un cheval blanc galopant

Me sentant tantôt différent

Tous autant que nous sommes, avançons

Jupiter elle-même subit les effets du temps

90- Cadeau

Il y a des êtres
Qui traversent des déserts
Et d'autres qui se noient dans un verre d'eau
Je t'exhorte à incarner ce noble mot
La volonté fait marcher les bébés
Et fait envoler gracieusement les corbeaux
Naître est une fleur de la vie
Et vivre est un cadeau

Monte-Carlo, Monaco

91- Le pourquoi de la vie

Que va-t-on devenir ?

La vie donne un sens au présent

Et la mort à l'avenir

Les sentiments font frémir la chair

Les frissons tantôt font épanouir

La réponse au pourquoi de la vie

À elle seule peut nous suffire

Parc national Retezat, Transylvanie, Roumanie

92- D'une même flamme

D'une beauté aveuglante
Le charme comme paire
L'exquisité comme mère
Elle peut revendiquer
La moitié de la Terre
Les âmes sœurs ne se rencontrent
Jamais avant l'heure
Sans forcer l'un et l'autre
D'une même flamme
D'une même chaleur

93- Ceci est mon raisonnement

Vivre sans me mentir à moi-même
Est mon raisonnement
Intègre, clair tel un miroir
Tel est mon raisonnement
Si je te blesse
Froisse ta dignité
Je m'en excuse
Ainsi est mon raisonnement
Je me sers de mes sens
Aiguise ma clairvoyance
Ceci est mon raisonnement

94- Chante-moi

Chante-moi cette belle chanson encore
Et même si demain change
Mon âme ne changera point de décor

Islamorada, Archipel des Keys, Floride

95- Indéniable beauté

Chaque jour

Quelqu'un naît

Quelqu'un meurt

Chaque jour le Soleil

Illumine notre peau notre cœur

Chaque jour quelqu'un s'éprend d'amour

Jusqu'à trouver l'âme sœur

Chaque jour des visages d'enfants s'émerveillent

En cueillant des fleurs

Et même si la vie

Ne nous dit pas tout

Elle reste et demeure

Pour nos yeux et nos cœurs

D'une indéniable beauté et splendeur

96- J'apprends à vivre

Je vois la neige

Et les flammes

S'exprimant sur ton visage

La lassitude n'engendre jamais la beauté

Je bois tes paroles

Imbibées par un cœur sage

Je suis vivant

Je suis vrai

Et comme tout être doué de raison

J'apprends à vivre et à écouter

Parc national des lacs de Plitvice, Croatie

97- Sa grandeur

La réflexion d'un sage
Vaut son pesant d'or
Certains silences
Raisonnent si forts
Que même un égaré
Aveugle retrouve le Nord
Si grande est la tentation d'abdiquer
De dire : c'est comme ça
La vie nous fait porter le poids de ses erreurs
Surfant sur ses vagues
Humblement je reconnais sa grandeur

98- L'amour est fièvre

Il n'aura fallu que d'un regard
La magie au coin de la rue
Le paradis retrouvé
Après s'être égaré
Le cœur battant
L'esprit vif
Par cette belle
Qui a son regard était inconnue
L'amour donne
L'amour réchauffe
L'amour est la fièvre la plus connue

99- Le valet ou bien le roi ?

Il en faut infiniment plus
Pour être un dieu
C'est comme ci
C'est comme ça
Es-tu le valet ou bien le roi ?

Carcassonne, France

100- Plus les femmes sont belles

Plus les femmes sont belles
Plus elles défient les anges
Du septième ciel
Ce pouvoir, elles le détiennent
Toutes comme les reines
Dans le monde des abeilles
Un sourire, un regard
Un parfum enivrant
Possédant sans prévenir
Source d'honneur de leur père
Elles ont ce je ne sais quoi
Faisant la fierté du ciel et de la Terre

101- Énergie divine

Ce soir tu peux dormir
Sur tes deux oreilles
Épanouie d'un doux sommeil
Porté par la conscience
D'une énergie divine
Qui sur toi et moi veille
Du tréfonds de l'âme
Au vernis superficiel
Je vivrai ma vie
Et toi la tienne
Chaleur humaine
Aux froideurs cruelles
Le miel reste le miel
Et l'existence porte son lot
De ténèbres et de merveilles

Vienne, Autriche

102- 360°

On a grandi
On s'est pardonné
Ensuite on s'est aimé
Quand l'un comme l'autre
On s'est accepté à 360 degrés

103- Le rôle

Nous tenons Dieu
Comme témoin de nos prières
Pour donner la valeur à la lumière
L'obscurité se fait paire
Un jour, deux jours, voire un millénaire
Le rôle de maître et d'élève
Se succèdent sur terre

104-   Tout avance

J'aime celui qui prend

Le temps de vivre

Alors que tout avance

Nul ne connaît l'heure fatidique

Tandis qu'hier était notre naissance

105- Ce n'est que de la poussière

Ce ne sont que des pierres
Ce ne sont que des cailloux
Ce n'est que de la poussière
Ce n'est qu'une vie
Aux notes de paradis et d'enfer
Je vis et je meurs
Laissant comme souvenir
Des brumes volatiles
Comme le sont les jours d'hier

Tbilissi, Géorgie

106- Éveil

Où qu'on soit
Il fait chaud
Ou il fait froid
La conscience est de voir
Avec du recul
Limpide et clair
De la mort du corps rigide
Naît tout éveil
En voilà une vérité
Qui nous rend lucide

107- Paupières

Il y a
Ce qu'il y a
Les paupières ouvertes
Les paupières fermées
Merci pour tout
À la valeur de ce que tu es

108- Coup de sifflet

Je veux une raison pour me lever

Je veux fermer les yeux le cœur apaisé

On a tous du temps

Et on ne sait ni où ni quand

Retentira le coup de sifflet

De la fin de partie

109- Ne rien posséder

On laisse tout parce qu'on
A jamais rien possédé
La vie d'après
Nul ne peut l'anticiper
Qui je suis ?
Qui tu es ?
Vais-je un jour connaître la vérité ?

Opéra et Harbour Bridge de Sydney, Australie

110- Mon miroir

Je n'attends point de mon miroir
Qu'il me dise qui je suis
Mes yeux face à lui
Seulement pour me voir
Un sourire pour moi
Un guérisseur de désespoir

111- Là-bas

Et moi je te regarderai
Avant de partir
Au moment d'arriver
Qu'est-ce que d'ici
Restera là-bas ?
La vie le sous-entend
La mort nous l'apprendra

112- Horloge céleste

Un poète n'a nul besoin de réfléchir
C'est son âme
Et son empathie de l'avenir qui l'inspire
Oui deux et deux égalent quatre
Que le cœur est imbibé de sang
Et où que nous soyons
L'horloge céleste
Demeure éternellement au présent

113- Elsa

Dans un monde où la magie
Est représentée à merveille par les jolies filles
Elsa au visage angélique en fait partie
Une aura avenante
Et apaisante émane d'elle
Elle sert les verres
Et renverse les cœurs
Il y a en son regard l'espoir
D'une vie pleine de magie
Et de couleur
Sous l'effet de son charme
J'écris ces quelques vers
Car témoigner à une belle demoiselle
Ce que l'on porte en son cœur
Est libérateur

Palais national de Pena, Sintra, Portugal

Édition : BoD · Books on Demand, 31 avenue Saint-Rémy, 57600 Forbach, bod@bod.fr
Impression : Libri Plureos GmbH, Friedensallee 273, 22763 Hamburg (Allemagne)
ISBN : 978-2-3225-3296-4
Dépôt légal : Décembre 2024

© 2024, Ismail Drira, « Le Sorcier », Photographies Abdel Maximus